El Rey de la Muerte

MUSEO SALVAJE
Colección de poesía
Homenaje a Olga Orozco

Homage to Olga Orozco
Poetry Collection
WILD MUSEUM

Hector Geager

EL REY DE LA MUERTE

Nueva York Poetry Press LLC
128 Madison Avenue, Office 2RN
New York, NY 10016, USA
Telephone number: +1(929)354-7778
nuevayork.poetrypress@gmail.com
www.nuevayorkpoetrypress.com

El Rey de la Muerte

© 2024 Hector Geager

ISBN-13: 978-1-958001-86-8

© Blurb:
Marisa Russo

© *Poetry Collection*
Wild Museum 64
(Homage to Olga Orozco)

© Publisher & Editor-in-Chief:
Marisa Russo

© Editor:
Francisco Trejo

© Layout Designer:
Moctezuma Rodríguez

© Cover Designer:
William Velásquez Vásquez

©Author's Photographer:
Author's Personal Archive

© Cover Artist:
Jhon Gray

Geager, Hector
El Rey de la Muerte / Hector Geager. 1ª ed. New York: Nueva York Poetry Press, 2024, 102 pp. 5.25" x 8".

1. American Poetry

All rights reserved. No part of this publication may be reproduced, distributed, or transmitted in any form or by any means, including photocopying, recording, or other electronic or mechanical methods, without the prior written permission of the publisher, except in the case of brief quotations embodied in critical reviews and certain other non-commercial uses permitted by copyright law. For permissions contact the publisher at: nuevayork.poetrypress@gmail.com.

Perdido

No se ha encontrado la dirección
Tu mensaje no fue entregado a
hgeager@gmail.com
No hay dominio gmail.con errata de la 'N'
Compruebo
Espacios innecesarios y ya no vuelvo a intentarlo
No es necesaria más información
La respuesta es error mío:
El nombre de dominio no se encuentra
Me perdí
Mujer cibernética y descodificada

SAFARIS Y BOTELLAS

Te fuiste a tus safaris de alcohol
Voces
Melodías
Latitudes corporales que siempre buscaste

Quedarte en los ojos de muchos y de nadie
En tu pequeña mente

Soñar sueños de agua tibia y chocolate
                Vida simple deslumbrante
                          escaparate

BESO NEUTRO

Se murió el feto entre mis labios

La lengua y un suspiro aquel beso
Que nunca te pude dar
Con cara de poesía o de amigo
O de enemigo

¿Me quisiste?

Hoy un beso desconocido multidimensional

SER Y ESTAR

La noche rompe el sonido

Decoloriza mi día

Sol de limón sal y cebolla
Que se extiende sobre los hilos de la sábana
Y con su resplandor sega mi espíritu

Amor sudas paraísos
Vives hasta en los poros celestiales

En reunión conmigo estás: nunca te fuiste

Te convierto en lámpara y llevo tu luz en mí

Soy el fruto de tu árbol
Rodeado de las hojas   Protegido por tus
                                         ramas

Pero me niego a ti y sigo oscuro

Mi deseo contigo
De ser y estar ya indeseado

El universo en una gota de miel

Cómo sería si
Despertaras dentro de las ilusiones contenidas en
    el suspiro de una gota de miel

Cómo sería si
Un pueblo se levanta en el absurdo de miradas
    curvas
En un baile de pescados

Cómo sería si
Mis tenis se mueren
Mis ideas se calcifican
Mis pantalones entristecen de angustia

Cómo sería si
¿Se sacará al gato amarillo de mis emociones?
Desojado por la ternura de mis pies
Su posesión   La mesa de noche
El hueco de la cama
La lámpara azul chino y el sabor de los pájaros
    en sus pupilas

Y

Cómo sería si
El pecho se anuda a esa arpa andina

Guitarra y flauta y se desfleca en un "no volver
    a verte más"

Roto de tristeza
Fondo cósmico de ondas en la estructura del
    espacio y el tiempo

Cómo sería

OJOS MUY ABIERTOS

Los cabellos encontraron ondas en el espacio
        y en el tiempo
Pero tienes que comprar comestibles
Y ver que estamos ondulados y oblicuos
Al medio interestelar de la distancia

También detecto que la extensión de nuestra
        heliosfera
Se desparrama en mi cabeza y cambia
        radicalmente
Dependo del punto de donde la mido

También la burbuja alrededor de tu sistema solar
        no es uniforme ni simétrica
Pero tiene una gran variación en su forma
        y extensión
Es enormemente variable y depende de cuándo
        y dónde la mida

Yo salí nave espacial de tu sistema solar
Sin la expectativa de ser tragado nuevamente años
        después

Oh sol en tu ciclo de infancia
La intensidad de tu viento aumenta y disminuye
Sin embargo   Lo que es importante para mí

Es cómo interactúan las manchas solares con los
    campos magnéticos
En el espacio interestelar de mi pecho y tu partida

Sahara de deseo
Siento cielos nublados con posibilidad de fuertes
    lluvias y ojos muy abiertos

El Parque Pushkin

Un gris se recuesta en el hombro izquierdo del
    Parque Pushkin
Y los vendedores intercambian frutas y tacos por
    sueños

Yo amaso *harinapan* con mi memoria
Y entierro arepas y cachapas en un funeral andino

Veo un verde espera balones y perros calaverita
    de azúcar se desgastan

Ya me falta poco para un olvido maya y decir

                   Aquí yaces
Desvanecida   Nadie

                     Fuiste existencia
cuando yo entrelazaba soledad

Ahora no eres siquiera viento

Y el Parque Pushkin se acuesta
Se arropa de la tarde

CUANDO ME SOLTABAS

En cada giro dejaba tiras de pensamientos
Hilachas de corazón

Tú ni sentías mis ayeres acuarelas
De sombra roja
Dolor verde e incomodidad azul   Ansiedad

Hoy neutrones dudas pálidas
Piedras parálisis
Morado negativo   Alma cosida
Remiendo de probabilidades

Mañana de alegoría
Mirada extraviada
Ya no es un obstáculo callado rosa
Me siento más liviano

Gracias por soltarme
Me
    Disipo
        En gas

                Soy

ALGUNAS DESGRACIAS DEL CULO

El tiempo   Me di cuenta   Seca el culo

Las nalgas se desgastan antes que la mente

Los pies se arrastran como dos montañas
Surgen de las nubes cuando no hay vientos

Se agrietan y agrian las palmas de las manos
La memoria se extravía leña   Uña y enrejes

El humo de cigarrillo pierde esencia
Entre el oxígeno

Y me pregunto

¿Adónde van los humos?

Energía solar almacenadas por maderas
Árboles que se la chuparon

Pregunta esencial

¿Nos desgastamos?

Rotos y parches sin hilos para reunirnos
Sin planchas para alisarnos

Así somos
Como vaporizadores para asmáticos
Desgastados en el respiradero

Faro huérfano

Encallada en tu superficie mental
Banco de arena tus pensamientos

Verde circular con un hoyo en medio
Hoyo que me dejaste
Abismo azul oscuro en una esquina de gotas
    moradas
De mar coloreado de maíz

Volar a 40 000 pies de tristezas
Sin esperanza de aterrizaje

Te veo como un caracol acorazado
En profunda neuro plasticidad
Sin pistas de descargues   Faro huérfano

Te alejaste en videos de Tik-Tok
Y psicología de Instagram
        Sardina atrapada en redes sociales

Avalanchas mis complejidades de molusco
Pensante cabeza enorme
Cubiertas las simples bacterias
Aunque cuánto no di por ser simpleza unicelular

No sobreviviste
Te asfixiaste
Y me lancé al abismo de la congoja

La penicilina me mató sin ti
                    Me inmunosuprimí

Y SI ACASO

Supieras de mi existencia paralela en otra
        dimensión

Con un sueño sólo comprendido en física
        Teorética

En el que tú y yo somos partículas subatómicas
Unidas por la materia negra

      —Esa que sostiene nuestro universo

En esta existencia actual de desacopladas
        Imágenes

Y un destiempo donde desondas

            Mientras yo sigo persiguiéndote

Voy de época en época saltando una cueca
Y caigo en total sentido de ausencia

Y si acaso
Caigo en tu mismo tiempo
Te muelo como caña

        Polvo estelar de vida en este amor de helio

Oxigeno e hidrógeno

Quién sabe
           Quién sabe

AMANECERES DE CAFÉ

¡Qué amaneceres se colaban como café
      en tus ojos!
¡Qué amaneceres veían tu mente sentados frente
      a ti en la silla de la izquierda!
Me invitabas a la mesa a sentarme con ellos
Para conversar de sus amores con tus ojos
Nunca lo hice
Tal vez por envidiar la descripción de su
      hermosura que tú me hacías
Tal vez por temor a serle infiel a las tristezas
      de los crepúsculos
Que yo con ferocidad amaba y callaba
Tal vez por los celos de sentir los horizontes
      y cielos nocturnos
Que esos amaneceres te provocaban al meterse
por las ventanas con la taza de café
Me siento en tu silla con mi café

En tarde de tormenta busco en fiero funeral gris

Esos amaneceres y la mesa conmigo no se sientan
se escaparon a tus bosques mentales

La casa de Medusa

La casa extraña tus pasos
Y se corta el horizonte como un suero de leche
Tus miradas tragadas por el piso
Tu pelo regado de noche
Disperso espagueti negro   Serpientes que
muerden mi quietud
Sacudo mi percepción de la realidad
De un no estar
Aunque todavía eres ser para hacerme sentir
    mejor
Embeleso piedra realidad de aerografías
Distorsión holográfica
Me ayuda a respirar
A respirar días hasta que la obscuridad los mate
    y tú te desgastes
Mientras tanto aún me desgarro a navajazos
Con mi idealización de ti
Y la levedad anti gravitacional
Cada vez más débil   De quien fuiste

CRUCIFIXIÓN

Sí pienso mucho
Pero sólo pienso en ti
Y santificado sea tu nombre
Nombre que subió a los cielos
Nombre sentado a la derecha de otro nombre
Sí espero mucho
Hasta que regrese tu reino
Y se haga tu voluntad aquí en la tierra como
    en mi pecho
Pecho que es un colador de astros y luces
Perdonador de pecados
Así como tú me lavas con detergente los míos
Dame el pedazo de un día o la mitad de una
    noche
Pero dame algo de comer que me dejaste sin
    un cielo
Y te lavo los pies
Así me tranquilizo mientras clamo oídos
    desérticos
Mientras en lo alto dos nombres entrelazan letras
    y sílabas
Mientras yo unjo corazón con aceite de oliva
Porque si tú eres para mi ser
Yo soy para tu estar y nunca me perderá
Si me dejas perder pecado es

Pues nunca fuiste mía
Aunque por ti me crucifiqué
Y aunque mi alma arderá

POEMA DE LA MUJER ARAÑA

Construir paredes
Bloquear la visión de futuro contigo
Encapsular la imaginación para borrarme de tu
    pizarra
Facilidad de acceso al olvido
Aplicación de inteligencia artificial
Sin entendimiento de su funcionamiento
Después de alcanzar la singularidad
Reformateas disco duro
Pero mantiene el mismo sistema operacional
Sin actualización alguna vas a volver a colapsar
¿Pero si eres un virus troyano?
Tú misma te autodestruyes en las sombras
Reproduciendo quien no eres
Creyente de tu propia ficción de remolacha
Te niegas y requeté niegas
Adquieres cualquier forma
Ser tela de araña poliforme mentirá con tus
    satélites
Orbitando carne barata de moscas

El Rey de la Muerte

Los huesos se caen
Nos llenamos de hoyos
El caballo con ojos en las rodillas
Las miradas óseas diciendo "abandonen el alba"

No volteen la desmesura y la exageración Daliana
Acepten su embobamiento de surrealismo tóxico
Y languidezcan relojes
Hasta la separación del alma y el cuerpo
Cuando calaveras cabalguen caballos de huesos
        llenos a tiempo

¡Oh Rey de la Muerte!
Hacia tu reguero galopamos contigo hasta los
        jamases
Los para siempres y los nuncas de tus encierros
        inmensos
Agujeros negros   Conjunciones de tiempo
                              y espacio

Extravagancia
Huesuda desmesura impúdica confidencial
Como mármol cartaginense
Enrolla la lógica y el rigor de morirse
Evento explosivo
Azarosa combinación de cartílagos

Artritismo fenotipos de experiencias en demasía
        personales
En carrera obsesiva   La nada como meta

¡Oh Rey de la Muerte!

UN DECIR

Decir que te quería		fue mucho
Decir que te amaba		fue muchísimo
Decir que te adoraba		fue mucho más
Decir   *Vengo desde el origen del universo*
Cruzando los océanos del tiempo y el espacio
Metido en un agujero negro
Con un corazón roto en las manos
Para que lo cosas y estar juntos

Es la expresión suprema de amor por ti

LUNA EN VENTANAL SIN RUMBO

        Esta luna puta
    Se maquilla de nubes
Pasa por mis ojos
Y cuelga su luz
    Sobre los tenderos
           De mis rancias pupilas

AL OTRO LADO DE MI CAMA

Se deslizó la tierra y se formó un hoyo
Se hundió una mitad de mi
Al otro lado de mi cama

Se quemaron los cables que abastecían de
electricidad el corazón
Se apagaron las luces
Al otro lado de mi cama

Ya no suda el colchón
Ya no hay intercambios de sueños y respiración
Sólo mudez
al otro lado de mi cama

Cuelgan mis brazos al vacío
Se vació y se desinfló el lado izquierdo del pecho
De ese lado de mi cama

Metí la cabeza en esa nada
Con las manos la oscuridad aparté
En el otro lado de mi cama

Alguna que otra sal de lágrimas vuela canta o
        marcha
y de ese abismo salen

Como tentáculos de pulpos
Tu olor tu sabor y tus miradas
Por mi nariz se meten
Intranquilizadores de almohadas a morderme
En el otro lado de mi cama

Cerré los ojos para verte
Como yo quería verte   Desigual tendida entre
mis dedos y el pelo

En el otro lado de mi vida
En ese preciso lugar y espacio
En mi tos
En el otro lado vacío
En mis desencuentros
En lo que fue ese lado de tu cama

ADORACIÓN CON LOS DEDOS

Te hablarían mis dedos entre las sombras
      del ciego
En las oscuridades del sordo aún
Si estuvieras vestida o descubierta de piel
Tus luces reconocerían hasta mi alma
En otros elementos y dimensiones
En cualesquiera tiempos
Me alargaría de un extremo a otro del ruido
Para seguirte adorando dentro o fuera de cada
      uno
Con este amor animal
Rabioso
Que me come todo
Que me arde como un sol desde adentro

Aún te adoro
Te hablarían mis dedos entre las sombras
      del ciego

HOY NO QUISE AMANECER

Amanecí con ausencia de palabras
Hoy no tengo palabras
Me las guardo todas en la respiración de aquella
que no estará más en este lugar
Cuando tratan de salir
Con mugidos las regurgito
Las mastico y digiero de nuevo
Hoy quiero escuchar, sí, escuchar los sonidos
       que se llevó
Los que me quitó
Porque mis oídos los olvidan
Quedan en el vacío y flotan
Hoy no quise amanecer
Porque no quería palabras
Porque ni la voz me interesaba
Porque la silabación tritura
Porque la entonación provoca y reta
Porque se daña la razón
Es mejor un ayuno conversacional
Hoy es Día de Escuchación
Busco sonidos dentro de mis sonidos viejos
Genuflexiones de pasados
Hoy no quise amanecer

Poema de adoración

Escandalosamente despierto
Abona la libertad absoluta
Adora las contradicciones de lo irracional
La consagración ilimitada al inconsciente
Con su animadversión a los juicios
Y una necedad hacia lo general
                Lo común y su multitud de adeptos

Mi espíritu   Propiamente mío
Vive en sus piruetas emocionales
En su naturaleza sentado ríe a carcajadas de nubes
Y humos   Espejos de humos
Ríe y salen misterios falsos de su boca
Ríe delirante en su locura patética
Quema la razón
Bufón irrealista
Me deshuesa el recuerdo de sus pisadas infantiles
De cerezos y algodón dulce
Sonreía como un parque de diversiones
Como una cerveza bien fría
Ceniza turbadora de mi claridad mental
Me despersonalizaba mi espíritu

Pero mi adoración fue a muerte
Porque nunca viví

Espiritista desgajamiento en lo inmaterial
Al vapor me colgué de su cruz
        Pero nunca su Espíritu Santo

MIRAR O DUDAR

Estar en tu mirada me da vértigo
Se me va el valor y tiemblo
Cuando veo tus abismos en un panal
Escatología urbana   Me dijiste que eras
Entonces me dormí
Y me quedé relegado a una atracción secundaria
¿Resultado de un plan divino
 O un misterioso accidente de apego emocional?

HEDORES

Y si
El día se enroca en el cuello y asfixia el atardecer
Parpadea y se lo traga sin consuelo

Y si
Disecara una corriente de agua en el firmamento
    de mi pereza

Y si
La pestilencia de los cadáveres de tus incontables
    amantes
Amigos y pagables
Llegará hasta las narices de la decencia

Y si
La fetidez de tu vida llega tan alto
Que hasta el creador tiene que taparse boca
Y nariz   Con su santísimo pañuelo
Y casi hace su venida a la tierra
    Esa que tanto tiempo hemos esperado

Y si
La noche cierra sus ojos porque el hedor de tu día
    le pica
Y se desenrosca la mañana y regurgita la tarde

Y si
Yo   Un *lectóvoro* reformable
Te huelo y me quedo pegado a la podredumbre
        de tu esencia
¿Perecería en tu androgeneidad de Wilde o
        Da Vinci?
¿En la represión de la carne?

Y si
Me como este día y bebo de su manantial
Como un cangrejo le permito que se me acerque
        oblicuo
Despacio con su característica desconfianza
Y felicidad absorbente

Y si
Se me cae la nariz

UN YO EN OTRO

Ya no es suficiente salirse del hospital psiquiátrico
Donde está internada la mente
Lugar de alucinaciones
Material artístico para pintar con palabras

Experimentos atemorizantes brincan
Manías saltan
Depresiones   Bolsillos de piedras para
        hundirlas

Esquizofrenia en la parte derecha
En la izquierda trastorno bipolar   Desequilibrio
Camina por una cuerda suspendida sobre aire
        anímico
Que duele más que a todo un mundo de caballos
desbocados
Estampida de imaginación
Una realidad separada

Puntos cuánticos en el descubrimiento
Y síntesis del placer de ser un yo en otro
Entre los fiordos occidentales del cerebro en
        ansiedad
Y la inseguridad palidece
Ante el cuestionamiento mecánico de la vida
O la muerte

Mi sistema solar heliocéntrico
Extraño orbitarte
Y aún me pregunto
¿Adónde se iba tu mirada perdida
Cuando tu mente brillaba en los rincones
De Instagram   Tik-Tok   y WhatsUp?

CUANDO ME DIGAS QUE SÍ

Te bañaré a besos
Te voy a enjabonar de caricias
Mis miradas enjuagarán las simetrías de tu cuerpo
Mientras los atardeceres
Como muertes envasadas al vacío
Se entierran en las noches de tus ojos
Ajustadas con precisión a tu piel mermelada
De arándanos
Miel con limón

Cuando me digas que sí

RADIOGRAFÍA

Escandalosamente
Provocador necio
Desdeñoso espeluznante
Retador de pensamiento multitudinario
Confrontador espiritual
Arremetedor de lo irracional
Arriesgado hasta la inconciencia
Aventurero de pies largos
Fuente de delirio incontrolada

Las ideas fluyen universos en sus cosmogonías
        astrales
Carentes de límites
Ausencia sin fronteras

Me excluyo   Me escapo
Con piruetas de caramelos
Burlas   Vacas sagradas voladoras

También fumo nubes de humo
Y construyo falsos misterios para la venta
Al por mayor
Algunas veces al detalle

Como rechazador de las coerciones preparo
Sopa de besos

Ensalada de caras
Caras sentadas
Labios y nariz gratinados en exhibición

RESONANCIA MAGNÉTICA

Lucho por abolir
    Pecados capitales
    Excrementos mentales
    Diatribas sanguinarias
    Como la de CNN
    Ignorancias de redes sociales
Y podo mis jardines a mi manera
Sembrador de vientos
Cosechador de huracanes para no limitar la
    libertad
Aunque desparramen insidias
O rieguen de chismes las hojas
Y raíces   Palabrerías digestivas

Proceso intestinal para poner huevos
O desechos de caballos dorados

¿Para qué pararles bolas a elementos escatológicos
Ríos de cacas?
Monstruos anales que me quieran atormentar
Con sus bufonerías
Bañadas de dificultosas cabezas intestinales

Mientras yo sueño máquinas de coser
Y pego rostros descosidos de multiversos
    humanos

Subversivo y simbólico
Antes de dormir como una silla

No me muevo sino me mueven
Inercia peripatética haciendo muecas

Hay veces que aguanto culos
Y sostengo esfínteres en asientos de física
        agnóstica

Teorema sin resolución

Bomba inteligente
Teledirigida a un corazón femenino
                        Mastico huesos

Colonoscopia cerebral
Causa más daño que bien
Depende de la edad y de la gorda mental
Que se cree flaca por cirugía

Miro su gordura delincuentilla desde mi vejez
Lo mismo que la inmadurez
Y estupidez de su amiga a muerte
En sus negaciones absolutas de valores
Y principios
                    Soy el tic-tac del reloj

En la endoscopia de familias devaluadas

Por la ignorancia
Y la marginalidad descompuesta
Y parasitaria de sus excrementísimas actuaciones

Yo soy el yo mío   Mi nombre propio

Un Zaratustra a destiempo

Un contratiempo social

¡HÁBITO!

De placer laguna sinuoso costo
Lava emocional fluye   Crea islas en medio del
         pecho
Islas de alcanfor
¿Quién te merecería en tu irrelevante palidez
         factual?
Lógica desolada y deslunada
¿Adónde se dirige tu historia habitual adónde tus
         suposiciones?
Realidad virtual de pasos imprecisos
Tanteas las oscuridades de lo justo
En la insignificancia mental
¿En cuáles implicaciones desembocarían tus ríos
         mentirosos?
De tu desnudez social
De tu costumbre mortal
Sin afluente dignidad
Dos orillas polvo y aliento
Estornudo fugaz disipa el viento de los
         malentendidos
Sin verificar ni probar —solo experiencias
         probabilísticas
Rabietas escapatorias psicológicas desnutridas
Hábito opaco atómico
Mecánico manoseo de harina alimento de
         camioneros

Notas superficiales música de lujuria
Robos alcohol drogas e infidelidades de células
        madre
Hábito preciso
Cambios tumultuosos
Crecientes incertidumbres
Hábito de una sola perspectiva
Errata existencial

ABRIR

Claro
Entendí que salir de lo inocuo   Oscuro
Era encontrar un corazón para un cuerpo de lata
Era pisar calles y avenidas con zapatos nuevos en
    los ojos
Dejar el rencor   La rabia y el odio del colesterol
Que tapaban mis venas y arterias de recuerdos
Era navegar la sangre   Casi cuajada arena
Y soledades de mis locuras

Acerca del autor

Hector Geager es escritor y profesor de Educación y Liderazgo. Ha ayudado a organizaciones a desarrollar e implementar sistemas internos de rendición de cuentas, implementar y gestionar el cambio en las organizaciones y establecer equipos de alto rendimiento a nivel empresarial. Formador de numerosos profesionales que construyen grandes equipos de negocios, al comprender cómo darse cuenta del papel del trabajo en equipo y la colaboración para lograr un alto rendimiento del personal a nivel organizacional. Algunos de sus premios y reconocimientos son: el Intelectual Fulbright 2009, el Premio SIMA Global Ambassadors Humanitarian action Award 2021, el Premio SIMA Global Leader of Year 2022, el The President of the United States' Life Time Achievement Award 2022 y el Doctorado Honoris y Causa, Madrid, España 2022. Es autor de los libros de poesía *El Subway, 30 poemas y una bachata, September Blue Jays, Como la muerte de una vela, Murmullos del observador* y *El Rey de la Muerte.*

ÍNDICE

El Rey de la Muerte

Perdido · 13
Safaris y botellas · 15
Beso neutro · 17
Ser y estar · 19
El universo en una gota de miel · 21
Ojos muy abiertos · 23
El Parque Pushkin · 25
Cuando me soltabas · 27
Algunas desgracias del culo · 29
Faro huérfano · 31
Y si acaso · 33
Amaneceres de café · 35
La casa de Medusa · 37
Crucifixión · 39
Poema de la mujer araña · 41
El Rey de la Muerte · 43
Un decir · 45
Luna en ventanal sin rumbo · 47
Al otro lado de mi cama · 49
Adoración con los dedos · 51
Hoy no quise amanecer · 53
Poema de adoración · 55
Mirar o dudar · 57
Hedores · 59

Un yo en otro · 61
Cuando me digas que sí · 63
Radiografía · 65
Resonancia magnética · 67
¡Hábito! · 71
Abrir · 73

Acerca del autor · 79

WILD MUSEUM
MUSEO SALVAJE
Latin American Poetry Collection
Homage to Olga Orozco (Argentina)

1
La imperfección del deseo
Adrián Cadavid

2
La sal de la locura / Le Sel de la folie
Fredy Yezzed

3
El idioma de los parques / The Language of the Parks
Marisa Russo

4
Los días de Ellwood
Manuel Adrián López

5
Los dictados del mar
William Velásquez Vásquez

6
Paisaje nihilista
Susan Campos Fonseca

7
La doncella sin manos
Magdalena Camargo Lemieszek

8
Disidencia
Katherine Medina Rondón

9
Danza de cuatro brazos
Silvia Siller

10
Carta de las mujeres de este país /
Letter from the Women of this Country
Fredy Yezzed

11
El año de la necesidad
Juan Carlos Olivas

12
El país de las palabras rotas / The Land of Broken Words
Juan Esteban Londoño

13
Versos vagabundos
Milton Fernández

14
Cerrar una ciudad
Santiago Grijalva

15
El rumor de las cosas
Linda Morales Caballero

16
La canción que me salva / The Song that Saves Me
Sergio Geese

17
El nombre del alba
Juan Suárez

18
Tarde en Manhattan
Karla Coreas

19
Un cuerpo negro / A Black Body
Lubi Prates

20
Sin lengua y otras imposibilidades dramáticas
Ely Rosa Zamora

21
*El diario inédito del filósofo vienés Ludwig Wittgenstein /
Le Journal Inédit Du Philosophe Viennois Ludwig Wittgenstein*
Fredy Yezzed

22
El rastro de la grulla / The Crane's Trail
Monthia Sancho

23
Un árbol cruza la ciudad / A Tree Crossing The City
Miguel Ángel Zapata

24
Las semillas del Muntú
Ashanti Dinah

25
Paracaidistas de Checoslovaquia
Eduardo Bechara Navratilova

26
Este permanecer en la tierra
Angélica Hoyos Guzmán

27
Tocadiscos
William Velásquez

28
*De cómo las aves pronuncian su dalia frente al cardo /
How the Birds Pronounce Their Dahlia Facing the Thistle*
Francisco Trejo

29
El escondite de los plagios / The Hideaway of Plagiarism
Luis Alberto Ambroggio

30
*Quiero morir en la belleza de un lirio /
I Want to Die of the Beauty of a Lily*
Francisco de Asís Fernández

31
La muerte tiene los días contados
Mario Meléndez

32
Sueño del insomnio / Dream of Insomnia
Isaac Goldemberg

33
La tempestad / The tempest
Francisco de Asís Fernández

34
Fiebre
Amarú Vanegas

35
63 poemas de amor a mi Simonetta Vespucci /
63 Love Poems to My Simonetta Vespucci
Francisco de Asís Fernández

36
Es polvo, es sombra, es nada
Mía Gallegos

37
Luminiscencia
Sebastián Miranda Brenes

38
Un animal el viento
William Velásquez

39
Historias del cielo / Heaven Stories
María Rosa Lojo

40
Pájaro mudo
Gustavo Arroyo

41
Conversación con Dylan Thomas
Waldo Leyva

42
Ciudad Gótica
Sean Salas

43
Salvo la sombra
Sofía Castillón

44
Prometeo encadenado / Prometheus Bound
Miguel Falquez Certain

45
Fosario
Carlos Villalobos

46
Theresia
Odeth Osorio Orduña

47
El cielo de la granja de sueños / Heaven's Garden of Dreams
Francisco de Asís Fernández

48
hombre de américa / man of the americas
Gustavo Gac-Artigas

49
Reino de palabras / Kingdom of Words
Gloria Gabuardi

50
Almas que buscan cuerpo
María Palitachi

51
Argolis
Roger Santivañez

52
Como la muerte de una vela
Hector Geager

53
El canto de los pájaros / Birdsong
Francisco de Asís Fernández

54
El jardinero efímero
Pedro López Adorno

55
The Fish o la otra Oda para la Urna Griega
Essaú Landa

56
Palabrero
Jesús Botaro

57
Murmullos del observador
Hector Geager

58
El nuevo gusano saltarín
Isaac Goldemberg

59
Tazón de polvo
Alfredo Trejos

60
Si miento sobre el abismo / If I Lie About the Abyss
Mónica Zepeda

61
Después de la lluvia / After the Rain
Yrene Santos

62
*De plomo y pólvora. Poesía de una mente bipolar /
Of Lead and Gunpowder. Poetry of a Bipolar Mind*
Jacqueline Loweree

*

**New Era:
Wild Museum Collection & Arts**
Featuring Contemporary Latin American Artists

63
Espiga entre los dientes
Carlos Calero
Cover Artist: Philipp Anaskin

64
El Rey de la Muerte
Hector Geager
Cover Artist:

POETRY
COLLECTIONS

ADJOINING WALL
PARED CONTIGUA
Spaniard Poetry
Homage to María Victoria Atencia (Spain)

BARRACKS
CUARTEL
Poetry Awards
Homage to Clemencia Tariffa (Colombia)

BORDELANDS
LA FRONTERA
Hybrid Poetry
Homage to Gloria Anzaldúa (United States/Mexico)

CROSSING WATERS
CRUZANDO EL AGUA
Poetry in Translation (English to Spanish)
Homage to Sylvia Plath (United States)

DREAM EVE
VÍSPERA DEL SUEÑO
Hispanic American Poetry in USA
Homage to Aida Cartagena Portalatín (Dominican Republic)

FIRE'S JOURNEY
TRÁNSITO DE FUEGO
Central American and Mexican Poetry
Homage to Eunice Odio (Costa Rica)

INTO MY GARDEN
English Poetry
Homage to Emily Dickinson (United States)

I SURVIVE
SOBREVIVO
Social Poetry
Homage to Claribel Alegría (Nicaragua)

LIPS ON FIRE
LABIOS EN LLAMAS
Opera Prima
Homage to Lydia Dávila (Ecuador)

LIVE FIRE
VIVO FUEGO
Essential Ibero American Poetry
Homage to Concha Urquiza (Mexico)

FEVERISH MEMORY
MEMORIA DE LA FIEBRE
Feminist Poetry
Homage to Carilda Oliver Labra (Cuba)

REVERSE KINGDOM
REINO DEL REVÉS
Children's Poetry
Homage to María Elena Walsh (Argentina)

STONE OF MADNESS
PIEDRA DE LA LOCURA
Personal Anthologies
Homage to Julia de Burgos (Argentina)

TWENTY FURROWS
VEINTE SURCOS
Collective Works
Homage to Julia de Burgos (Puerto Rico)

VOICES PROJECT
PROYECTO VOCES
María Farazdel (Palitachi) (Dominican Republic)

WILD MUSEUM
MUSEO SALVAJE
Latin American Poetry
Homage to Olga Orozco (Argentina)

OTHER COLLECTIONS

Fiction
INCENDIARY
INCENDIARIO
Homage to Beatriz Guido (Argentina)

Children's Fiction
KNITTING THE ROUND
TEJER LA RONDA
Homage to Gabriela Mistral (Chile)

Drama
MOVING
MUDANZA
Homage to Elena Garro (Mexico)

Essay
SOUTH
SUR
Homage to Victoria Ocampo (Argentina)

Non-Fiction/Other Discourses
BREAK-UP
DESARTICULACIONES
Homage to Sylvia Molloy (Argentina)

For those who think like Olga Orozco that *we are hard fragments torn from heaven's reverse, chunks like insoluble rubble turned toward this wall where the flight of reality is inscribed, chilling white bite of banishment* this book was published in November 2024 in the United States of America.

www.ingramcontent.com/pod-product-compliance
Lightning Source LLC
Chambersburg PA
CBHW030121170426
43198CB00009B/697